Genuß vom heißen Stein

Das Schöne daran ist, daß Sie alles vorbereiten können: So kommt erst gar keine Nervosität auf, bevor die Gäste kommen. Jeder kann auf dem heißen Stein seine Portion selbst grillen. – Ein kulinarisches Vergnügen mit viel Atmosphäre und Geselligkeit für Familie, Freunde und gute Bekannte.

Aufheizen können Sie den Stein auf jeder Platte jeglichen Herdtyps in etwa 30–40 Minuten. Dann kommt er mitten auf den Tisch, und der Brutzelspaß kann beginnen.

Übrigens: kJ und kcal unter jedem Rezept bedeuten Kilojoule und Kilokalorien. Die Umgangssprache sagt dazu Joule und Kalorien.

Minibeefsteaks mit Senfsauce

Wie frisch aus der Puppenküche sehen die kleinen Beefsteaks aus. Pikant gewürzt, sind sie aber durchaus eine Delikatesse für große Kinder.

Zutaten für 4 Personen:
1 kleine Zwiebel · 1 Eßl. Kapern · 1 Eßl. gemahlene Mandeln · 500 g Hackfleisch vom Rind · 2 Eigelb · Salz · schwarzer Pfeffer, frisch gemahlen · ¼ l Sahne · 2 Eßl. milder Senf · 1 Kästchen Kresse

- Zubereitungszeit: etwa 35 Minuten

1

Den Stein nach Gebrauchsanleitung aufheizen.

2

Die Zwiebel schälen und sehr fein hacken. Die Kapern ebenfalls hacken und mit der Zwiebel, den Mandeln, dem Hackfleisch und den Eigelben in eine Schüssel füllen (Seite 34/35).

3

Alles sehr gut verkneten und mit Salz und Pfeffer kräftig würzen.

4

Mit angefeuchteten Händen etwa walnußgroße Fleischküchlein formen und etwas flach drücken.

5

In einem kleinen Topf die Sahne mit dem Senf verrühren und aufkochen. 5 Minuten köcheln lassen, dabei mit dem Schneebesen durchschlagen und mit Salz und Pfeffer abschmecken.

6

Zum Schluß die Kresse abbrausen und die Blättchen mit der Schere über dem Topf mit der Soße abschneiden.

7

Die Minibeefsteaks auf dem heißen Stein auf jeder Seite 4–5 Minuten braten. Die Senfsauce zum Dippen dazu reichen.

8

Dazu paßt ein Kartoffelsalat mit Oliven oder frisches warmes Zwiebelbrot.

Pro Person etwa 2400 kJ/570 kcal
38 g Eiweiß · 45 g Fett · 3 g Kohlenhydrate

Minibeefsteaks mit Senfsauce

Hühnerbrüstchen mit Früchten

Durch die Kombination mit Curry, Orangen und Bananen bekommt das zarte Fleisch einen Hauch von Exotik.

Zutaten für 4 Personen:
2 Orangen · 8 Hühnerbrustfilets (etwa 750 g) · 3 Eßl. Öl · 2 Teel. Currypulver · Salz · weißer Pfeffer, frisch gemahlen · 2 Bananen · Saft von ½ Zitrone

- Zubereitungszeit: etwa 40 Minuten

1

1 Orange halbieren, eine Hälfte auspressen. Die übrigen 1½ Orangen in etwa ½ cm dicke Scheiben schneiden.

2

Die Hühnerbrustfilets, falls nötig, von Häutchen und anhaftenden Fettstückchen befreien. Möglichst nebeneinander auf eine Platte legen.

3

Den Stein nach Gebrauchsanleitung aufheizen.

4

Den Orangensaft mit dem Öl und dem Currypulver verrühren, salzen und pfeffern. Die Hühnerbrustfilets damit einpinseln und zugedeckt im Kühlschrank etwa 20 Minuten ziehen lassen.

5

Die Bananen schälen und schräg in etwa ½ cm dicke Scheiben schneiden. Mit dem Zitronensaft beträufeln, damit das Fruchtfleisch hell bleibt. Mit den Orangenscheiben auf einer Platte bereitstellen.

6

Die Hühnerbrüstchen aus der Marinade nehmen und etwas abtropfen lassen. Auf dem heißen Stein auf jeder Seite, je nach Dicke, 8–10 Minuten garen. Die Orangenscheiben und die Bananen dazu auf den Stein legen und etwa 4 Minuten mitbraten. Hühnerbrustfilets und Obst während des Bratens mehrmals wenden.

7

Dazu passen Reis, kurz in Butter geschwenkt, und Salat aus Sojasprossen.

Pro Person etwa 1400 kJ/330 kcal
44 g Eiweiß · 8 g Fett · 22 g Kohlenhydrate

Hühnerbrüstchen mit Früchten

Kalbfleischtäschchen

Beim Anschneiden geben die Täschchen ihr Geheimnis preis: die Fülle besteht aus Spinat und Gorgonzola.

Zutaten für 4 Personen:
8 dünne Kalbsschnitzel · Salz ·
weißer Pfeffer, frisch gemahlen · 1 kleine
Zwiebel · 1 Eßl. Butter · 200 g Blattspinat,
frisch oder tiefgefroren · 60 g Gorgonzola ·
4 Frühlingszwiebeln ·
Zum Zustecken: Zahnstocher

- Zubereitungszeit: etwa 50 Minuten

1

Die Kalbsschnitzel etwas flachklopfen und beidseitig salzen und pfeffern.

2

Die Zwiebel schälen und fein hacken. Die Butter in einem Topf erhitzen und die Zwiebel darin glasig dünsten.

3

Den Spinat verlesen, waschen und zur Zwiebel in den Topf geben (tiefgefrorenen Spinat auftauen lassen). Etwa 5 Minuten (tiefgefrorenen Spinat 7 Minuten) bei schwacher Hitze dünsten. Mit Salz und Pfeffer würzen.

4

Den Stein nach Gebrauchsanweisung aufheizen.

5

Den Spinat abtropfen lassen und ausdrükken. Den Käse mit der Gabel zerdrücken und untermischen (Seite 18/19).

6

Die Kalbsschnitzel auf eine Arbeitsfläche legen. Die Spinatfüllung auf einer Hälfte des Fleisches verteilen (Seite 18/19), die zweite Hälfte darüber klappen. Die Öffnungen mit 3 Zahnstochern zustecken.

7

Die Frühlingszwiebeln putzen, waschen und je einmal quer und längs halbieren.

8

Die Fleischtäschchen mit den Zwiebeln auf einer Platte servieren.

9

Die Kalbfleischtäschchen auf dem heißen Stein pro Seite 5–6 Minuten braten. Die Frühlingszwiebeln auch auf den Stein legen und 3–4 Minuten mitbraten. Zwischendurch einmal wenden.

10

Dazu passen sehr gut Rösti oder Bratkartoffeln und Tomatensalat.

Pro Person etwa 1200 kJ/290 kcal
46 g Eiweiß · 11 g Fett · 2 g Kohlenhydrate

Kalbfleischtäschchen

Austernpilzbündel mit Paprikasauce

Der Eigengeschmack der Pilze kommt hier optimal zur Geltung; den Pep gibt die Paprikasauce.

Zutaten für 4 Personen:
1 Zwiebel · 2 Eßl. Olivenöl extra vergine · 3 rote Paprikaschoten · 2 Eßl. Tomatenmark · Salz · schwarzer Pfeffer, frisch gemahlen · 1 Prise Cayennepfeffer · 1 Teel. Paprikapulver, edelsüß · 600 g Austernpilze · 3 Eßl. Weißwein · 150 g geräucherter Bauernschinken in dünnen Scheiben · 1 Bund Basilikum

- Zubereitungszeit: etwa 45 Minuten

1

Die Zwiebel schälen und fein hacken. Das Olivenöl in einem Topf erhitzen. Die Zwiebel darin etwa 5 Minuten dünsten.

2

Die Paprikaschoten von den Kerngehäusen und den hellen Trennwänden befreien, waschen und in kleine Würfel schneiden. Zur Zwiebel geben und etwa 10 Minuten mitdünsten. Das Tomatenmark unterrühren und knapp ⅛ l Wasser zugießen.

3

Die Sauce im Mixer oder mit dem Pürierstab pürieren. Nochmals aufkochen und mit Salz, Pfeffer, dem Cayennepfeffer und dem Paprikapulver kräftig würzen. Die Sauce nach Belieben warm halten oder abkühlen lassen.

4

Den Stein nach Gebrauchsanweisung aufheizen.

5

Die Austernpilze kurz abbrausen, von den harten Stellen befreien und in sehr schmale Streifen schneiden. Die Pilzstreifen mit dem Weißwein beträufeln, salzen und pfeffern (Seite 18/19).

6

Das Basilikum überbrausen und trockenschwenken. Die Schinkenscheiben einmal längs zusammenklappen. Auf jede Scheibe einige Austernpilzstreifen und einige Basilikumblättchen legen. Den Schinken um die Pilzstreifen wickeln, so daß kleine Bündel entstehen (Seite 18/19).

7

Die Austernpilzbündel auf einer Platte anrichten. Auf dem heißen Stein portionsweise etwa 6 Minuten braten, zwischendurch die Bündel immer wieder drehen.

8

Die Paprikasauce warm oder kalt zu den Austernpilzbündeln reichen. Dazu paßt warmes Zwiebelbrot.

Pro Person etwa 1000 kJ/240 kcal
13 g Eiweiß · 18 g Fett · 7 g Kohlenhydrate

Austernpilzbündel mit Paprikasauce

Marinierte Zucchini mit Tomaten

Eine südlich inspirierte Beilage zu Fleisch, Fisch und Geflügel.

Zutaten für 4 Personen:
600 g mittelgroße Zucchini · 1 Bund glatte Petersilie · 4 Knoblauchzehen · 4 Eßl. Olivenöl extra vergine · Saft von ½ Zitrone · Salz · schwarzer Pfeffer, frisch gemahlen · 1 Zweig frischer Oregano oder 1 Teel. getrockneter · 4 mittelgroße Tomaten · 2 Eßl. Butter

- Zubereitungszeit: etwa 35 Minuten

1

Die Zucchini waschen und von Stengel- und Blütenansätzen befreien. Schräg in etwa ½ cm dicke Scheiben schneiden und auf eine Platte legen.

2

Die Petersilie abbrausen, trockenschwenken, von den Stengeln zupfen und fein hacken. In eine Schüssel geben.

3

Den Stein nach Gebrauchsanweisung aufheizen.

4

Den Knoblauch schälen und durch die Knoblauchpresse zur Petersilie drücken. Das Olivenöl und den Zitronensaft untermischen und mit Salz, Pfeffer und dem Oregano würzen.

5

Diese Mischung auf den Zucchinischeiben verteilen und etwa 15 Minuten marinieren lassen, zwischendurch einmal wenden.

6

Die Tomaten waschen, einmal quer durchschneiden und dabei den Stengelansatz entfernen. Die Schnittflächen mit Salz und Pfeffer würzen und jeweils ein Butterflöckchen darauf setzen. Mit den Zucchinischeiben auf einer Platte anordnen und zu Tisch bringen.

7

Die Zucchinischeiben auf dem heißen Stein etwa 6 Minuten braten, zwischendurch einmal wenden. Die Tomaten nach 2 Minuten mit der Schnittfläche nach unten auf den Stein legen. Das Gemüse schmeckt nicht nur als Beilage prima, sondern auch als Vorspeise mit ofenwarmem Baguette.

Pro Person etwa 770 kJ/180 kcal
4 g Eiweiß · 15 g Fett · 9 g Kohlenhydrate

Marinierte Zucchini mit Tomaten

Kabeljau mit Gurkenmayonnaise

Frische würzige Gurkenmayonnaise und saftiger Fisch – ein harmonisches Duo auf der kulinarischen Bühne.

Zutaten für 4 Personen:
8 Kabeljaukoteletts (je etwa 100 g) · Saft von 1 Zitrone · 1 Teel. scharfer Senf · 3 Eßl. Öl · Salz · weißer Pfeffer, frisch gemahlen · 1 Prise Muskatnuß, frisch gerieben · 2 Eigelb · 200 ccm Öl · 150 g Vollmilchjoghurt · 2 mittelgroße Essiggurken · 1 Bund Schnittlauch

- Zubereitungszeit: etwa 40 Minuten

1

Die Kabeljaukoteletts kalt abspülen und trockentupfen.

2

Den Zitronensaft mit dem Senf und dem Öl gut verrühren. Mit Salz, Pfeffer und dem Muskat würzen und die Kabeljaukoteletts damit bestreichen. Im Kühlschrank zugedeckt etwa 20 Minuten ziehen lassen.

3

Den Stein nach Gebrauchsanleitung aufheizen.

4

Die Eigelbe mit etwas Salz und Pfeffer in einer Schüssel verrühren. Das Öl in feinem Strahl dazufließen lassen. Dabei kräftig mit dem Handrührer oder dem Schneebesen schlagen, bis eine cremige Mayonnaise entstanden ist (Seite 18/19).

5

Das Joghurt gleichmäßig unter die Mayonnaise ziehen und nochmals mit Salz und Pfeffer abschmecken.

6

Die Gurken abtropfen lassen und in sehr kleine Würfel schneiden.

7

Den Schnittlauch abbrausen, trockenschütteln und in kleine Röllchen schneiden. Mit den Gurkenwürfeln unter die Mayonnaise heben.

8

Die Kabeljaukoteletts auf eine Platte legen und auf den Tisch stellen. Auf dem heißen Stein auf jeder Seite 2–3 Minuten braten. Die Gurkenmayonnaise dazu servieren.

9

Dazu passen kleine Pellkartoffeln und gemischter Gurken-Tomaten-Salat, mit Essig, Öl und Kräutern angemacht.

Pro Person etwa 3600 kJ/860 kcal
44 g Eiweiß · 74 g Fett · 5 g Kohlenhydrate

Kabeljau mit Gurkenmayonnaise

Schollenfilets im Speckmantel

Deftig der Speck, zart der Fisch – so gut können scheinbare Kontraste geschmacklich harmonieren.

Zutaten für 4 Personen:
8 Schollenfilets (etwa 500 g) · Salz · weißer Pfeffer, frisch gemahlen · 3 Eßl. Öl · 2 Eßl. Apfelessig · 8 Scheiben durchwachsener Speck · 1 Bund Basilikum · 2 kleinere Fenchelknollen · 4 mittelgroße Tomaten · 1 Teel. getrockneter Oregano · Zum Feststecken: Zahnstocher

- Zubereitungszeit: etwa 35 Minuten

1

Die Fischfilets abspülen und trockentupfen. Beidseitig salzen und pfeffern und nebeneinander auf eine Platte legen. Mit dem Öl und dem Apfelessig beträufeln und etwa 20 Minuten durchziehen lassen; zwischendurch mehrmals wenden.

2

Den Stein nach Gebrauchsanleitung aufheizen.

3

Den Speck von der Schwarte befreien.

4

Das Basilikum abbrausen, trockenschütteln und die Blättchen von den Stengeln zupfen.

5

Die Schollenfilets etwas abtropfen lassen, je eines auf eine Speckscheibe setzen und mit 1–2 Basilikumblättchen belegen. Von der Schmalseite her aufrollen. Mit Zahnstochern feststecken.

6

Die Fenchelknollen waschen und längs in etwa ½ cm dicke Scheiben schneiden.

7

Die Tomaten waschen, vom Stengelansatz befreien und quer halbieren. Die Schnittflächen salzen, pfeffern und mit dem Oregano bestreuen. Mit dem Fenchel und den Fischröllchen auf einer Platte anrichten.

8

Den Fenchel und die Tomaten etwa 6 Minuten auf dem heißen Stein garen. Zwischendurch beides einmal wenden. Die Fischröllchen etwa 5 Minuten von allen Seiten braten.

9

Ofenwarmes Baguette oder Kartoffelsalat schmecken besonders gut dazu.

Pro Person etwa 1300 kJ/310 kcal
27 g Eiweiß · 17 g Fett · 10 g Kohlenhydrate

Schollenfilets im Speckmantel

So wird's gemacht

Fleischtäschchen füllen

1 Den gedünsteten Spinat in ein Sieb geben und mit einem Löffel gut ausdrücken. Den zerbröckelten Käse unter den Spinat mischen.

2 Die Käse-Spinat-Mischung auf einer Hälfte der Schnitzel verteilen.

3 Die unbelegte Hälfte über die Spinat-Gorgonzola-Füllung klappen, so daß ein Täschchen entsteht. Die Öffnungen mit drei Zahnstochern zustecken.

1

Austernpilzbündel vorbereiten

1 Die Austernpilze von den harten Stellen befreien.

2 Die Austernpilze in schmale Streifen schneiden.

3 Die Schinkenscheiben längs zusammenlegen und um einige Austernpilzstreifen wickeln, so daß Bündel entstehen.

1

Gurkenmayonnaise rühren

1 Das Eigelb mit Salz und Pfeffer in einer Schüssel verrühren.

2 Das Öl in feinem Strahl dazufließen lassen und mit dem Schneebesen dabei durchschlagen.

3 Das Joghurt, die kleingeschnittenen Gurken und den Schnittlauch untermischen.

1

3

3

3

Auberginenröllchen mit Rotbarsch

Ein leichtes, sommerliches Gericht mit beachtlicher Raffinesse.

Zutaten für 4 Personen:
2 Auberginen (etwa 300 g) · 4 Eßl. Olivenöl extra vergine · 600 g Rotbarschfilet · Salz · weißer Pfeffer, frisch gemahlen · Saft von 1 Zitrone · 2 Bund Dill · ½ Salatgurke · 300 g Vollmilchjoghurt · 3 Knoblauchzehen · 16 Zahnstocher

- Zubereitungszeit: etwa 40 Minuten

1

Die Auberginen waschen, abtrocknen, von den Stengelansätzen befreien und längs in 16 etwa 3 mm dicke Scheiben schneiden (das geht am besten mit der Brotschneidemaschine). Die Scheiben auf beiden Seiten mit dem Olivenöl beträufeln.

2

Den Stein nach Gebrauchsanweisung erhitzen.

3

Das Rotbarschfilet kalt abspülen und trokkentupfen, in 16 gleich große Stücke teilen, salzen und pfeffern.

4

Den Zitronensaft in eine Schüssel gießen. Den Dill abbrausen, trockenschütteln, von den Stengeln zupfen und fein hacken. Mit dem Zitronensaft mischen und den Fisch damit bestreichen.

5

Die Gurke schälen, längs halbieren und die Kerne mit einem Teelöffel herausschaben. Das Fruchtfleisch fein raspeln und mit dem Joghurt mischen.

6

Den Knoblauch schälen und durch die Knoblauchpresse zum Joghurt drücken, gut durchrühren und mit Salz und Pfeffer abschmecken. Kalt stellen.

7

Die Auberginenscheiben auf eine Arbeitsfläche legen, salzen und pfeffern. Je ein Stück marinierten Fisch daraufsetzen und die Auberginen zu einem Röllchen formen. Mit einem Zahnstocher zustecken und auf dem heißen Stein 4–6 Minuten von allen Seiten braten.

8

Den Gurkendip zu den Röllchen servieren. Als Beilagen können Sie kleine Pellkartoffeln und einen gemischten Blattsalat dazu reichen. Das Gericht schmeckt auch sehr gut mit Kabeljau statt Rotbarsch.

Pro Person etwa 1300 kJ/310 kcal
32 g Eiweiß · 17 g Fett · 11 g Kohlenhydrate

Auberginenröllchen mit Rotbarsch

Eierküchlein mit Schnittlauch

Eine leckere Beilage in munteren Farben. Paßt prima zu Fleisch, Fisch und Gemüse.

Zutaten für 4 Personen:
4 Eier · Salz · weißer Pfeffer, frisch gemahlen · 3 Eßl. saure Sahne · 1 Bund Schnittlauch

- Zubereitungszeit: etwa 20 Minuten

1

Den Stein nach Gebrauchsanweisung aufheizen.

2

Nach etwa 10 Minuten die Eier in eine Schüssel aufschlagen und mit Salz und Pfeffer würzen.

3

Die Eier nicht zu kräftig mit dem Schneebesen schlagen, dabei die saure Sahne hinzufügen.

4

Den Schnittlauch abbrausen, trockenschütteln und in feine Röllchen schneiden. Dann unter die Sahne-Eier-Mischung rühren.

5

Den Stein auf den Tisch stellen und 3–5 Minuten abkühlen lassen.

6

Mit einer kleinen Schöpfkelle den Teig auf den Stein gießen (Seite 34/35). Es sollen 8 Küchlein von etwa 10 cm Durchmesser entstehen. Die Küchlein in mehreren Portionen je 2 Minuten braten, zwischendurch einmal wenden.

7

Dazu passen besonders gut in Geschmack und Farbe: Marinierte Zucchini mit Tomaten (Rezept Seite 12).

Pro Person etwa 420 kJ/100 kcal
7 g Eiweiß · 7 g Fett · 1 g Kohlenhydrate

Eierküchlein mit Schnittlauch

Champignonrösti mit Würstchen

Deftiges, Kräftiges, das auch Kinder gerne essen.

Zutaten für 4 Personen:
500 g Kartoffeln (festkochende Sorte, möglichst Sieglinde)
100 g Champignons · 1 Eßl. Zitronensaft ·
1 kleine Zwiebel · 1 Eigelb · Salz ·
schwarzer Pfeffer, frisch gemahlen ·
Muskatnuß, frisch gerieben ·
12–16 Schweinswürstchen

- Zubereitungszeit: 40 Minuten (ohne Abkühlzeit der Kartoffeln)

1

Die Kartoffeln waschen und knapp mit Wasser bedeckt 30–40 Minuten garen. Abgießen und, am besten über Nacht, abkühlen lassen.

2

Den Stein nach Gebrauchsanleitung aufheizen.

3

Die Kartoffeln schälen und dann raspeln (Seite 34/35).

4

Die Champignons abreiben, putzen und ebenso raspeln, mit dem Zitronensaft beträufeln und zu den Kartoffeln geben.

5

Die Zwiebel schälen und sehr fein hacken. Mit dem Eigelb zu den Raspeln geben und alles gut durchmischen. Mit Salz, Pfeffer und Muskat würzen (Seite 34/35).

6

Aus der Kartoffel-Champignon-Masse mit angefeuchteten Händen 16 Küchlein formen. Sie sollten etwa ½ cm dick sein (Seite 34/35) und einen Durchmesser von etwa 6 cm haben. Auf dem heißen Stein jede Seite etwa 5 Minuten braten.

7

Die Schweinswürstchen mit auf den Stein legen und etwa 6 Minuten braten. Zwischendurch öfters wenden.

8

Knackiger Gurkensalat paßt gut dazu. Stellen Sie auch verschiedene Sorten Senf und Meerrettich auf den Tisch.

Pro Person etwa 3500 kJ/830 kcal
31 g Eiweiß · 69 g Fett · 20 g Kohlenhydrate

Champignonrösti mit Würstchen

Lamm mit Apfelsauce und Broccoli

Die süß-saure Apfelsauce und die scharf gewürzten Lammkoteletts ergänzen sich ganz prima.

Zutaten für 4 Personen:
1 große Zwiebel · 500 g Äpfel · ¼ l Apfelsaft · Salz · schwarzer Pfeffer, frisch gemahlen · 1 Eßl. Rosinen · 1 Eßl. Mandelblättchen · 1 Eßl. Apfelessig · 2 Eßl. Olivenöl extra vergine · 1 Eßl. Curry · 1 Prise Zimt · 1 Knoblauchzehe · 4 doppelte Lammkoteletts (oder 8 einzelne) · 300 g Broccoli (frisch oder tiefgefroren)

- Zubereitungszeit: etwa 1¼ Stunden

1

Die Zwiebel schälen und fein hacken. Die Äpfel waschen, schälen, achteln und vom Kernhaus befreien. Dann in dünne Scheiben schneiden. In einen Topf geben.

2

Den Apfelsaft dazugießen, mit Salz und Pfeffer würzen und die Rosinen sowie die Mandelblättchen untermischen. Zugedeckt etwa 40 Minuten köcheln. Zwischendurch immer wieder umrühren und zum Schluß mit dem Apfelessig abschmecken. Abkühlen lassen oder warm halten. In einer Sauciere anrichten.

3

Inzwischen das Olivenöl mit dem Curry, dem Zimt sowie Salz und Pfeffer verrühren. Die Knoblauchzehe schälen und durch die Presse dazudrücken.

4

Die Lammkoteletts mit dieser Mischung bestreichen und zugedeckt 40 Minuten ziehen lassen.

5

Nach etwa 20 Minuten den Stein nach Gebrauchsanleitung aufheizen.

6

Den Broccoli putzen, waschen und in Röschen teilen (tiefgefrorenen auftauen). Die Stiele anderweitig verwenden. Den Broccoli in kochendem Salzwasser 2–3 Minuten garen, dann gut abtropfen lassen.

7

Die Lammkoteletts aus der Marinade nehmen und auf dem heißen Stein pro Seite 5–8 Minuten braten, je nachdem wie dick die Koteletts sind und wie rosa man sie möchte. Die Broccoliröschen für etwa 2 Minuten mit auf den Stein legen.

8

Die Apfelsauce zu den Lammkoteletts und dem Broccoli servieren. Mit knusprigen Sesamfladen ist das Gericht komplett.

Pro Person etwa 2900 kJ/690 kcal
26 g Eiweiß · 54 g Fett · 25 g Kohlenhydrate

Lamm mit Apfelsauce und Broccoli

Salbei-Mozzarella-Medaillons

Mit fruchtig-kalter Tomatensauce eine Urlaubserinnerung an Italien.

Zutaten für 4 Personen:
2 große Fleischtomaten (etwa 600 g) ·
3 Eßl. Olivenöl · 2 Eßl. Rotweinessig ·
Salz · schwarzer Pfeffer, frisch gemahlen ·
2 Teel. Pinienkerne nach Belieben ·
8 Schweinemedaillons (je etwa 50 g) ·
8 frische oder getrocknete Salbeiblättchen ·
1 Kugel Mozzarella (150 g)

- Zubereitungszeit: etwa 40 Minuten

1

Die Fleischtomaten überbrühen, kurz im Wasser ziehen lassen, häuten und quer halbieren. Die Kerne mit einem Teelöffel herausschaben. Den Stengelansatz entfernen. Das Fruchtfleisch fein hacken.

2

Den Stein nach Gebrauchsanleitung aufheizen.

3

Das Olivenöl und den Rotweinessig unter die Tomaten mischen. Mit Salz und Pfeffer würzen und nach Geschmack die Pinienkerne daraufstreuen.

4

In die Schweinemedaillons mit einem scharfen Messer quer eine kleine Tasche einschneiden. Das Fleisch innen und außen salzen und pfeffern.

5

Die Salbeiblättchen in die Fleischtäschchen stecken.

6

Die Mozzarellakugel in etwa ½ cm dicke Scheiben schneiden (es sollen 8 Scheiben werden).

7

Das Fleisch auf dem heißen Stein pro Seite etwa 3 Minuten braten. Nach dem Wenden eine Scheibe Mozzarella obenauf legen. Mit Pfeffer aus der Mühle übermahlen.

8

Die kalte Tomatensauce zu den Medaillons servieren. Ein gemischter Blattsalat und Kartoffelpüree passen außerdem dazu.

Pro Person etwa 1500 kJ/360 kcal
28 g Eiweiß · 24 g Fett · 4 g Kohlenhydrate

Salbei-Mozzarella-Medaillons

Rindfleischstreifen mit Paprika

Durch die Gewürze bekommt dieses Gericht einen Hauch Exotik.

Zutaten für 4 Personen:
4 Rumpsteaks (je etwa 180 g) ·
je 1 kleine rote und grüne Paprikaschote
(je etwa 100 g) · Ingwerwurzel (etwa 1 cm) ·
2 cl trockener Sherry · 4 Eßl. Sojasauce ·
4 Eßl. Öl · Salz · schwarzer Pfeffer,
frisch gemahlen · 2 Knoblauchzehen

- Zubereitungszeit: etwa 1 Stunde

1

Das Fleisch vom Fettrand befreien und quer zur Faser in etwa ½ cm dicke Streifen schneiden.

2

Die Paprikaschoten längs halbieren, von den Kernen und hellen Zwischenwänden befreien und waschen. In schmale Längsstreifen schneiden. Mit dem Fleisch in einer Schüssel mischen.

3

Die Ingwerwurzel schälen und ganz fein hacken. Mit dem Sherry, der Sojasauce und dem Öl in einem Schälchen mischen. Mit wenig Salz und Pfeffer würzen. Die Knoblauchzehen schälen und durch die Knoblauchpresse in die Marinade drücken. Die Marinade durchrühren.

4

Die Marinade über die Fleisch-Paprikamischung gießen. Alles gut durchmischen und zugedeckt im Kühlschrank etwa 45 Minuten ziehen lassen. Zwischendurch immer wieder durchrühren, damit die Marinade gleichmäßig in alle Fleisch- und Paprikastreifen einziehen kann.

5

Nach etwa 20 Minuten den Stein nach Gebrauchsanweisung aufheizen.

6

Die Rindfleisch- und Paprikastreifen auf den heißen Stein geben und etwa 5 Minuten braten, zwischendurch wenden.

7

Frisch gekochter Reis und eventuell ein Salat aus Sojasprossen schmecken gut zu diesem Gericht.

Pro Person etwa 1700 kJ/400 kcal
38 g Eiweiß · 26 g Fett · 3 g Kohlenhydrate

Rindfleischstreifen mit Paprika

Kokoscrêpes mit Ananas

Eine Prise Geschick brauchen Sie schon für die Crêpes.
Aber es lohnt sich, denn sie schmecken köstlich.

Zutaten für 4 Personen:
100 g Weizenmehl · ⅜ l Milch · 2 Eier ·
2 Eßl. Puderzucker · 2 Eßl. geschmolzene
Butter · 1 Eßl. Kokosflocken ·
1 kleine Ananas · Zimt · Rum nach Belieben

- Zubereitungszeit: etwa 30 Minuten

1

Den Stein nach Gebrauchsanweisung aufheizen.

2

Das Mehl mit der Milch, den Eiern, dem Puderzucker, der geschmolzenen Butter und den Kokosflocken gut verrühren und etwa 10 Minuten quellen lassen (Seite 34/35).

3

Die Ananas vom Schopf befreien, großzügig schälen und die schwarzen Augen mit einer Messerspitze herauslösen. Die Frucht zuerst in Scheiben, dann in mundgerechte Stücke schneiden, dabei den inneren, festen Strunk entfernen. Die Ananasstückchen auf einer Platte anrichten.

4

Den Stein auf den Tisch stellen und 3–5 Minuten abkühlen lassen.

5

Mit einer kleinen Schöpfkelle vorsichtig eine Portion Teig auf den Stein gießen. 8 kleine Crêpes in je knapp 1 Minute backen; zwischendurch einmal wenden (Seite 34/35).

6

Die Ananasstücke etwa 1 Minute braten, dabei nach Gusto mit Zimt bestäuben. Nach Geschmack mit etwas Rum beträufeln und mit den Kokoscrêpes anrichten.

Pro Person etwa 1300 kJ/310 kcal
7 g Eiweiß · 14 g Fett · 38 g Kohlenhydrate

Kokoscrêpes mit Ananas

So wird's gemacht

Minibeefsteaks vorbereiten

1 Alle Zutaten in eine Schüssel geben.

2 Mit den Händen kräftig durchkneten, damit sich alles gut verbindet.

3 Mit angefeuchteten Händen walnußgroße Kugeln formen und diese dann flachdrücken.

1

Kokoscrêpes backen

1 Alle Zutaten in eine Schüssel geben.

2 Mit dem Schneebesen locker durchschlagen.

3 Mit einer kleinen Schöpfkelle den Teig auf den Stein gießen. Braten und einmal wenden.

1

Champignonrösti formen

1 Die Kartoffeln und die Champignons auf der Küchenreibe raspeln.

2 Mit den anderen Zutaten vermischen.

3 Mit angefeuchteten Händen kleine flache Rösti (Küchlein) formen.

1